VOYAGE

DE PARIS AUX PYRÉNÉES.

SIMPLES CAUSERIES.

I.

Bagnères-de-Bigorre, 1er Juillet.

CHÈRE JEANNE,

Tu rentrais à Paris presque le même jour que j'en sortais; depuis cinq mois je ne savais trop où te saisir. Je ne pouvais véritablement pas adresser mes lettres : *A Madame Jeanne Duchesne, en pleine mer, je ne sais où.* Et l'on n'a pas encore établi de télégraphe sous l'océan ! Il m'a été bien cruel de n'avoir pu courir à Paris; j'aurais tant voulu te revoir et t'embrasser ! Ton mari te permettra-t-il de venir te reposer avec tes enfants près d'un frère qui a fait tout au monde pour qu'il ne portât aucun

de ces deux noms? Cela est plus que douteux.
Je lui dois une certaine reconnaissance , puisqu'il
ne t'a pas interdit ma correspondance. Tu t'in-
quiètes outre mesure de ma santé , sœur chérie!
Le docteur a dû te dire que le travail m'avait
allongé la face , enfoncé les yeux , tiré démesurément le nez , arraché pas mal de cheveux ,
confisqué les mollets. Bref, je n'étais pas remarquable par l'embonpoint. J'ai voulu tenir bon contre
le docteur qui avait le parti pris de me chasser
de Paris. Tu sais ce qu'est Paris pour moi, j'ai
pleuré à verse en le quittant. Si je n'étais pas
parti , il paraît que c'est Paris qui eût eu à
me regretter.

Et voilà pourquoi je suis au pied des Pyrénées
depuis cinq mois au lieu d'être rue des Beaux-
Arts. Ton pauvre frère a revêtu une meilleure en-
veloppe, et il a peur à l'heure qu'il est de devenir
gras. Ta tendresse est-elle rassurée? A présent
tu veux que je satisfasse ta curiosité, dis plutôt
ta tendresse cachée sous un autre voile.

Le voyage de Paris aux Eaux n'est pas un voyage,
c'est une excursion. Pau appartient à la banlieue
de Bordeaux, et Bordeaux est une annexe du quar-
tier de l'entrepôt. Je vais refaire avec toi ce chemin , je vais te ramener pas à pas pour ainsi dire
sur les miens. Te souviens-tu des rubans bleus
qu'emportaient chaque année nos hirondelles, et
qu'elles nous rapportaient si fidèlement? Je suis
une hirondelle, voyageuse comme toi. Je te rap-
porte intact à travers l'espace sous les ailes de
ma pensée le lien céleste que la tienne y a pour
jamais attaché. Est-ce que je ne fais pas un peu

de marivaudage à la manière de Ste-Beuve? Tu n'en ris pas, toi, poétique créature! Tu me défends de me moquer de moi-même, tu me l'interdis comme une dégradation. Eh! bien! si j'entends au dedans de moi éclater le rire de Bertram, tu seras mon Alice et tu me feras précipiter aux pieds de cette princesse qu'on appelle l'imagination, et si elle consent à m'épouser, Bertram disparaîtra dans toutes les flammes de l'enfer sans m'attendrir.

Un matin de février, j'ai donc pris place au chemin de fer de Bordeaux. Le soleil était beau comme en été. J'étais fort triste et regardais machinalement passer le paysage. Quelqu'un signala la tour de Montlhéry, ce fut la seule chose que je vis entre Paris et Orléans. Je n'étais pas de l'avis de Gargantua, et je ne disais pas : *je trouve Beauce*. Quand les blés sont hauts, vers la fin de juin, ces vastes plaines de la Beauce forment une superbe mosaïque. Au moindre vent les avoines agitent leurs petites clochettes, les seigles et les blés jaunissants entrepoussent leurs tiges et secouent leurs aigrettes d'épis, les orges verts, les colzas dorés, les sainfoins rouges ondulent, s'émeuvent, murmurent ; en hiver, la terre est veuve et a l'air inconsolable jusqu'à l'arrivée du nouvel époux, le printemps auquel les almanachs et les poëtes ont fait une réputation de beauté très usurpée. Le chemin de fer est assez loin d'Orléans; j'envoyai un souvenir à Jeanne d'Arc. Un pâtre devenu sculpteur, vient de lui tailler une statue équestre. On ne dressera jamais assez de statues à cette sainte héroïne. Compiègne où elle a été trahie lui doit un monument expiatoire; Rouen qui l'a vue périr n'a rien fait pour la glorification de cette martyre. Qu'est-ce qu'un nom au coin d'une place? Que veut dire cette pierre grise au milieu d'un marché? L'historien poëte Michelet l'a remise sur un piédestal indestructible du haut duquel tous les peuples la contempleront désormais, rayonnante et sereine au milieu des flammes du bûcher.

Le nom de la princesse Marie brillera dans l'avenir d'un rayon de la gloire de Jeanne d'Arc, en récompense de l'hommage que son âme d'artiste lui a rendu. Jeanne est bien la vierge qui sous l'armure « eut le don divin de rester enfant. » Un Allemand a cru lui rendre hommage à sa façon en recherchant ses titres de noblesse. Comme si elle n'en avait pas assez!

Le train express ne s'arrêta pas plus à Blois qu'à Orléans. J'eus cinq minutes pour regarder le château aujourd'hui transformé en caserne. Je repassai dans ma tête le récit de l'assassinat des Guises; justice divine! on avait brûlé Jeanne comme sorcière. Et la France avait pour Reine au lendemain de ce crime inexplicable, une magicienne, une empoisonneuse, cette Catherine qui rappela la Médée antique.

Utitur et tantum Thuseo medicamine sacro,
   Ut Mœdea fiat, quœ Medicœa fuit.

Quant à Blois où elle était adorée et révérée comme la Junon de la cour, elle n'eût plutôt rendu le dernier soupir, qu'on n'en fît non plus de compte que d'une chèvre morte.... Elle fut pleurée de

quelques siens domestiques et familiers *et un peu
du roy son fils qui en avait encor affaire*. (L'Etoile)
L'histoire dressait dès ce jour là le poteau d'infamie
auquel elle a rivé cette misérable dynastie des
Valois. A Blois commence la levée de la Loire, digue impuissante que le fleuve renversa en 1846.
Beyle Stendhal prétend que la Loire est ridicule
à force d'îles et qu'une île doit être une exception
dans un fleuve bien appris. Pour moi je trouve
au contraire bien mal appris un fleuve qui en est
dépourvu. Un fleuve sans îles est comme une homme
sans imagination, c'est-à-dire sans charme.

Mes compagnons de voyage que je n'avais pas
encore aperçu jusque là se montrèrent Chambord
dans l'éloignement. J'ai eu un ami qui voulait aller
à Chambord dans le but unique de briser la vitre où
François Ier a écrit les vers impertinens que tout le
monde sait. Paul-Louis Courrier a gravé à son tour
son nom sur les vitraux et le temps ne l'en effa-
cera pas plus que celui de François Ier. Nous
passâmes devant Amboise avec la rapidité du vent.
Son château a servi de cage à Abd-el-Kader. Le lion
y serait mort, s'il n'avait été rendu à son soleil
d'Orient. Non loin d'Amboise est Chenonceaux que
pour 5 fr. l'opéra vous montre au deuxième acte
des Huguenots.

A Tours, on se précipita au Buffet ; magnifique
coup d'œil, le seul que j'aie eu ! la cathédrale m'a
présenté son profil et nous voilà repartis ; celle
d'Orléans avait été plus polie et m'avait offert sa
façade grise. Fatigué de regarder un horizon aussi
monotone que la compagnie à laquelle j'étais con-
damné, je m'endormis. Je fus réveillé à Poitiers,

par une grosse dame qui prit mes pieds pour une
place publique. Je descendis. La nuit était venue
envelopper la ville. Une femme m'offrit des cou-
teaux ; chaque fois que j'ai voulu me servir d'un
couteau , je n'ai jamais réussi à couper autre chose
que mes doigts. Je me refusai cette distraction.
Remonté en wagon, je me donnai celle d'inspecter
le visage de mes co-détenus. J'avais pour vis-à-vis
un père de famille trapu et rebondi, joyeux com-
père que mon silence contrariait visiblement.
L'abondance de ses questions s'était tarie tout à
coup sous ma sécheresse britannique. La grosse
dame m'avait adressé plusieurs traits qu'elle avait
eu soin d'affiler sur l'ennui de voyager avec les
anglais, (j'étais un anglais pour ces braves pro-
vinciaux , je ne parlais pas) sur la fierté des jeunes
gens qui portent des sequins à leur cravate et à
leurs manchettes et n'en ont aucun dans leur boure.
Je fus d'un mutisme désespérant ; deux demoiselles très capables d'être émancipées et un garçon
de quatorze à quinze ans donnaient la réplique.
Tout ce monde là mangeait et buvait sans interruption aucune. Je me rendormis, je rêvassai, je
songeai à toi, et j'arrivai à Bordeaux comme transporté par ton souvenir.

II.

Il était à peu près minuit quand le convoi entra
dans la gare. Je me confiai à un omnibus qui me
déposa à l'Hôtel-de-la-Paix. Dans le trajet du dé-
barcadère à l'hôtel j'entrevis une forêt de mâts
et ce fut tout. Je maudissais la nuit qui m'avait

empêché d'apercevoir la vénérable cité de Poitiers
et Angoulême et tout le paysage entre ces deux
villes et Bordeaux; je puis bien te le dire, je
n'espérais guère à ce moment là pouvoir reparcourir
ce chemin, même en imagination. Aussi quand j'ai
pris la plume pour l'écrire, j'ai chanté un long
Te Deum intérieur, j'ai gagné ma bataille contre
l'armée invisible de souffrances qui attaquent sans
relâche la faible citadelle où se débat notre vie.
Cette lettre est un bulletin de victoire.

Continuons notre voyage. De Paris à Bordeaux
j'avais fait une course à vol d'oiseau. J'avais franchi
des fleuves, traversé la moitié de la France, Il ne
m'en restait qu'un éblouissement. Il me semblait
que chaque ville m'avait crié en passant ses titres
historiques, il me semblait qu'elles voulaient toutes
me retenir et qu'elles me disaient :

Sta viator, heroem calcas.

« Voyageur! voyageur! Moi j'ai vu Louis XI, et
moi Bacon, et moi Charles Martel, moi je suis la
mère de Ravaillac et de Poltrot de Méré, et moi j'ai
engendré des saints, moi des artistes. » Fort heu-
reusement, je ne m'appartenais pas, sans cela je
n'aurais pas comme Ulysse résisté à la voix des
syrènes.

On m'avait beaucoup vanté Bordeaux, on ne me
l'avait pas trop vantée. Elle a des airs de capitale
déchue qui lui vont bien. Elle en a servi 300 ans
aux Anglais et ne l'a pas oublié.

Je ne me lancerai dans aucune description. Les
descriptions ne sont exactes que pour ceux qui les
font. J'avais en face de mes fenêtres le grand

Théâtre auquel Paris n'a rien à comparer en ce genre extérieurement. La salle est enfumée, et ressemble à une tabagie. J'ai assisté à une représentation de Guillaume Tell. Je n'ai été content que de l'orchestre. Les autres édifices de Bordeaux intéressants à visiter sont les Eglises. J'en vis quatre. La première que je rencontrai avait des vitraux modernes et ce caractère d'uniformité glaciale adopté par les Jésuites et dont St-Pierre de Rome est le type grandiose. Je crus entrer à St-Thomas d'Aquin où à N. D. des Victoires. Je ressortis immédiatement. Je n'aime pas ces temples proprets, coquets, mondains. L'idée immense et mystérieuse de Dieu ne pénètre pas sous ces voûtes étroites. La seconde Eglise que je découvris était Romane, (le style qui a précédé le Gothique et dont St-Germain-des-Prés est un des précieux restes s'appelle le style Roman) cette Eglise du nom de Ste-Croix autant qu'il m'en souvient n'a qu'une nef sans piliers et un portail extrêmement curieux. Il faudrait des journées entières pour étudier de pareilles œuvres dans tous leurs détails et j'étais peu en train d'étudier. Les églises Romanes sont de véritables Cryptes où le moyen âge se prosterne en tremblant devant le juge terrible. Chaque basilique est un verset du *Dies iræ*. Les cathédrales Gothiques expriment le mystère mais non plus la terreur. Au 13e siècle, les Litanies de la Vierge sont traduites en lettres gigantesques. Toutes les Notre-Dame sont des hymnes chantées par les pierres. N. D. de Paris est un *Salve Regina*; N. D. de Chartres un *Stabat Mater*; N. D. de Rheims un *Ave regina cœlorum*; N. D. d'Amiens un *Regina*

cœli lætare. La métropole de la Guienne est dédiée
à St-André et construite en partie par les Anglais.
La nef Romane est sans piliers comme Ste-Croix.
A partir des transepts le Gothique domine. Le portail principal ordinairement placé au bas de la nef
est au transept nord, il est orné de deux flèches
tellement effilées que du quai on les prend pour
deux mâts de navire. On n'a pu y loger de cloches, il a fallu bâtir à côté de la Cathédrale une
tour pour les recevoir. A St-Michel je trouvai aussi
la tour posée à côté de l'Eglise. St-Michel est dans
le goût de St-Gervais. Je ne fus pas tenté d'aller
rendre visite aux squelettes des caveaux de St-
Michel. J'aurais craint qu'on ne me gardât pour
augmenter la collection. Je me fis conduire à la
bibliothèque et aux musées. La bibliothèque pos-
sède 100,000 volumes. La salle de lecture peut
contenir une trentaine d'amateurs; je n'en vis aucun.
Bordeaux n'est pas une ville d'étude. Poitiers est
le centre intellectuel de cette partie de la France.
La grande préoccupation de Bordeaux, est le commerce. Je ne sais où on a mis la statue de Mon-
taigne, j'ai cherché aussi celle de Montesquieu.
Pourquoi Rabelais n'est-il pas né sous les pampres
de la Gironde? Quel monument on lui eût élevé.

Le Musée des Antiques n'est autre chose qu'une
cave, où sont agglomérés sans ordre des débris
de plusieurs siècles; sarcophages, bas-reliefs, ins-
criptions sont là dans un pêle-mêle qui les fait
ressembler beaucoup plus à un amas de moëllons
qu'à des objets d'art. Allons, me dis-je, décidé-
ment on ne cultive ici que la vigne.

Pour en finir, j'allai au Musée de peinture. Au

moins là je n'eus pas de déception. Ce Musée oc-
cupe l'ancien archevêché, actuellement changé en
mairie, dont les salons sont tapissés de tableaux,
parmi lesquels je remarquai bien vite une femme
d'Eug. Delacroix. Je connais ton admiration pour
sa barque du Dante, admiration très-exclusive. Il
lui faudrait bien céder quelque chose de ton exclu-
sivisme devant cette toile. Sur les ruines fumantes
d'une forteresse, se tient debout, la poitrine nue,
une jeune Grecque; on devine que ce n'est pas
pour sa vie qu'elle tremble le plus : la désolation
est sur ses traits, mais le courage y règne aussi.
Quelle pâleur ! quelle beauté éclatante sur ce fond
ténébreux ! Je n'ai pu rien voir après cette femme,
elle m'a poursuivi comme une vision. J'ai parcouru
les autres salles et distingué le *Rubens* donné par
l'Empereur, remarqué un *André del Sarte*, je suis
revenu à ton Delacroix, je ne pouvais m'en déta-
cher, je l'admirais pour toi.

Je ne t'ai dit que peu de chose de la ville elle-
même : je ne t'ai rien dit de ses rues et de ses
places spacieuses, de son pont aux dix-sept arches,
de ses quais qui n'ont de rivaux qu'à Saint-Pétersbourg. Tu as vu la Tamise chargée de vaisseaux
innombrables, l'imagination ne va pas au-delà. La
Gironde est à la Tamise ce que Paris est à Londres,
ce qu'est une chose grandiose à une chose colossale.

Bordeaux en fait de souvenirs historiques ne
m'offrit que les noms des Girondins, leur destinée
si courte, leurs projets, leurs rêves. Un émigré
écrivait alors : *Il n'y a plus d'hommes en France,
il n'y a que des événemens.* Les événemens furent
plus forts que les hommes. « Ne pleurez pas sur

nous, disait une des victimes de ces temps funè-
bres, on ne pleure pas les martyrs ! »

Quand je quittai Bordeaux, nous étions en février
et cependant le soleil rayonnait, un soleil du Midi
qui me pénétrait de sa douce chaleur. Au moment
où je t'écris ces lignes, il fait un froid d'automne,
et le soleil de Juillet est devenu un mythe. L'antique Phébus, qui s'était fait berger, est à n'en
pas douter un actionnaire de la maison Rattier-
Guibal. Les Français de tout âge et de tout sexe
sont soumis au régime hydrothérapique et au
caoutchouc.

Je laisse là Bagnères et je remonte à l'hôtel de
la Paix, à Bordeaux, prendre ma malle et la faire
transporter à la diligence qui doit me déposer dans
la patrie d'Henri IV.

III.

Jeudi, 20 Juillet.

Chère Amie,

Ce n'est plus Bagnères que j'habite, je dois être
transporté à Messine ou à Naples ou à Lima. Je
ne plaisante pas, tant s'en faut ! quoique j'y sois
plus disposé que tantôt. Je suis debout avec la
population de Bagnères depuis trois heures du matin, et si nous n'avons pas été engloutis sous nos
maisons, ce n'est pas la faute du tremblement de
terre qui nous a surpris cette nuit ! Hier soir,
j'étais revenu assez fatigué d'une course à cheval
et n'avais eu rien de plus pressé que de me mettre

au lit. La limpidité du ciel était remarquable, la
voie lactée brillait d'un éclat si grand que je de-
meurai assez long-temps à l'admirer, malgré ma
très-grande envie de dormir. Je fermai ma fenêtre
et le sommeil fut bientôt maître de moi; ce sommeil cependant n'était pas calme, plusieurs fois je
fus à demi réveillé. J'éprouvais un malaise singu-
lier que j'attribuai vaguement à l'approche d'un
orage. J'ouvrais les yeux, la lune illuminait ma
chambre, j'essayais de me rendormir et je ne ces-
sais d'être très-agité. Cette lutte avait fini par me
plonger dans un bienfaisant assoupissement. Il
durait peut-être depuis une heure, lorsque je me
sentis subitement et violemment remué. Un bruit
formidable ébranlait le sol; je fus vite sur mon
séant, je crus encore à l'orage et allai sur ma
terrasse m'assurer de l'état athmosphérique.

La lune était très-pure et les étoiles toujours
aussi belles. L'orage était sans doute dans la
montagne. — A peine étais-je rentré, à peine
avais-je remis la tête sur l'oreiller, que le même
bruit formidable se fait entendre, le toit cra-
quait, les portes gémissaient. La maison paraissait se débattre contre une force terrible; je fus
saisi d'une angoisse inexprimable, mes dents cla-
quaient d'une contre l'autre, je sentis au cœur une
suffocation pareille à celle d'un homme qui se trou-
verait à mi-corps dans une eau glaciale. Malgré
ce trouble, je fus vite sur pied, et à ma fenêtre;
l'atmosphère avait conservé son admirable pureté.
Au moment de la commotion, les cloches avaient
sonné et les chiens avaient poussé de longs hur-
lemens; instantanément je reconnus que nous avions

affaire à une de ces agitations souterraines aux-
quelles Bagnères est depuis long-temps accoutumé.
Je pensai que personne ne s'en effrayerait et qu'il
n'y avait plus à s'inquiéter pour le reste de la
nuit, mais les lumières couraient d'une maison à
l'autre ; on s'appelait avec effroi, les portes s'ou-
vraient, la rue se remplissait, j'y descendis. Les
costumes les plus grotesques avaient été revêtus
par chacun de nous. Jamais on n'avait vu une
pareille réunion de robes de chambres, de fou-
lards excentriquement noués autour des *têtes pâles*,
de jupes étonnées de l'absence des crinolines ; des
femmes s'étaient coiffées avec leurs robes, d'autres
avaient oublié de se chausser. C'était le carnaval
de la peur. On s'abordait, on se racontait ses
émotions. Je parcourus les groupes. Les sensations
avaient été identiques. On se rassurait. On suppo-
sait que tout était fini et qu'une secousse de cette
force ne pouvait se renouveler. Une partie de la
population se rendit à l'église.

Le jour était venu : peu à peu les places se sont
vidées et la ville a repris sa tranquille physiono-
mie. J'arriverai avant les journaux et tu seras ainsi
prévenue contre tout détail mensonger ou toute
nouvelle alarmante.

Vendredi 21.

Quelle nuit ! pauvre sœur ! Hier, je t'avais écrit
aussitôt après ma promenade nocturne ; puis j'avais
pris un peu de repos dans la journée, j'avais entendu disserter sur les causes probables du tremblement de terre. Les uns en voulaient à la co-

mète. Les comètes ont toujours eu bon dos. Les
autres accusaient les pluies d'avoir provoqué les
gaz intérieurs à des explosions inaccoutumées. Pour
ceux-ci , c'était la brusque transition de l'humidité
à la chaleur. Pour ceux-là c'était l'électricité.
Que sais-je ? La terre allait sans doute tourner
dans un autre sens. Un volcan se préparait à coup
sûr une issue. Il y avait quelque chose de plus
précis que les explications , c'était la persistance du
phénomène. Les secousses continuaient, les oscillations étaient rapides et très répétées, on pourrait
dire incessantes. Les commotions revenaient à peu
près de deux en deux heures et avec une intensité
très marquée. Vers les 6 heures , il en est survenu
une plus énergique que les précédentes. Cela m'a
produit l'effet de ces fortes vagues qui vous soulè-
vent et vous laissent retomber rudement. Dès lors
les appréhensions ont repris le dessus. On a redouté
comme les préludes d'une convulsion suprême ce
qu'on avait regardé comme des signes évidents de
décroissance et l'expiration finale des ébranlemens.
On avait observé la couleur cuivrée des nuages et
les rouges teintes du couchant. La nuit se présen-
tait menaçante. Aussitôt qu'elle a été venue, tout
le monde s'est rendu sur les places et s'est établi
sous les arbres des Coustous; une secousse avait été
prédite pour 10 heures. On l'attendait avec anxiété.
. Cette anxiété a redoublé, quand à dix heures
et quelques minutes un grondement sourd l'a an-
noncée. La foule s'est précipitée au milieu de la
place avec des cris de terreur ; ceux qui étaient
restés dans leurs maisons sont sortis ; on s'est réuni
aux rez-de-chaussées, les diligences se sont remplies,

les voitures ont été amenées au milieu de la rue
et c'était à qui s'en ferait un domicile. Des cou-
vertures ont été étendues par terre, on s'y est
couché. Beaucoup de gens avaient le mal de mer.
Le sol ondulait sous les pas de ceux qui mar-
chaient, la terre avait le roulis d'un vaisseau. Le
ciel s'était obscurci complètement, un orage re-
tentissait dans la montagne. Souvent ses détonations lointaines se confondaient avec celles de
l'orage souterrain, et les éclairs ajoutaient encore
aux frayeurs de la ville consternée. Le moment
le plus redouté étaient celui où avait éclaté la nuit
précédente la première explosion. Quant à moi,
pour l'attendre, j'entre avec quelques jeunes gens
dans le premier café venu, où nous venions à
peine de nous attabler lorsqu'une détonnation ef-
froyable nous enlève de nos chaises. Ces messieurs
disparurent avec une célérité qui fait honneur à
leurs jambes ; je ne fis qu'un bond du café jusqu'au milieu des Coustous, je crus toute la ville
renversée : il était tombé une cheminée et trois
carreaux s'étaient cassés. Les femmes criaient que
c'était le jugement dernier et se jetaient à genoux,
elles couraient se confesser. — L'église avait
été remplie toute la nuit. — Les cierges étaient
tombés de dessus l'autel. La terreur était au comble.
Le désespoir s'emparait des imaginations en travail.
A minuit un incident d'une autre espèce vient su-
rexciter l'inquiétude un peu apaisée. Un gendarme
veut faire traverser à son cheval la foule répandue
sur les Coustous, le cheval résiste, donne des sou-
bresauts, y joint l'agrément de plusieurs reculades.
Nouveaux cris, nouvel effarement. Le tremblement

de terre avait emprunté l'uniforme de la gendarmerie pour effrayer Bagnères sous un autre aspect. La sécurité aurait dû renaître au contraire puisque cet uniforme est l'insigne infaillible d'ordre et de paix publique. Ce qu'il y a de sûr, c'est qu'après cette apparition la terre s'est tue comme devant Alexandre et deux heures et demie ont sonné sans que Bagnères ait ressenti le moindre attentat à la solidité de ses monumens et à la sûreté de ses habitans. Le jour est paru, les craintes se sont dissipées avec les ténèbres, et chacun est allé étouffer les plus rebelles sous la pesanteur de son bonnet de nuit. Le mien était de plomb et m'a tenu la tête de trois heures du matin jusqu'à midi écrasée sous son poids.

Dimanche matin.

Enfin la terre a bien voulu ne plus nous faire partager ses émotions. Vendredi Bagnères a été le refuge de tous les échappés de Luchon, de Barèges, de Cauterets et autres lieux. Les effrayés (tout le monde l'était mais il y a toujours des ultra), ayant appris qu'on n'était pas plus en sûreté à Toulouse où la Garonne, avaient reflué à Bayonne où la mer avait pâli, à Pau où la statue d'Henri IV avait parlé et dit des choses que je ne répéterai pas, à Tarbes où les chevaux du Haras avaient enjoint aux palefreniers de les laisser sortir, à Bordeaux où les portes des établissements publics s'étaient ouvertes sans clef et sans concierges. MM. et Mesdames les ultra-effrayés de Bagnères et d'ailleurs ont gardé leurs chevaux de poste pour aller voir si les cascades de Gripp avaient pris un autre chemin et si les truites de l'auberge avaient encore besoin d'être cuites. Dans la nuit de vendredi à samedi, les personnes les plus prudentes ont encore trouvé du charme à se promener comme la comtesse Almaviva sous les grands marronniers. Quelques secousses anodines les avaient averties que les Pyrénées n'avaient pas encor terminé leur colloque intime et passionné. Dans la première surprise, j'aurais souhaité d'être un peu plus loin du salon de conversation. Maintenant je suis enchanté d'avoir entendu un dialogue de montagnes quoique ce fût beaucoup plus dramatique que V. Hugo.

Aussi je bénissais Dieu de te savoir loin de tout danger et même de toute frayeur avec tes enfans dans leur nid plein de paix, de bonheur et de baisers. Qu'il a été divinement inspiré celui qui a écrit cette parole : *Le Paradis est au pied des mères.* Oui! mais il n'est pas au pied de toutes les mères. Il n'est qu'aux pieds de celles qui te ressemblent et il y en a si peu!

IV.

Je suppose que les Pyrénées s'amusent à nous répéter les coups de canon qui se donnent en Orient. Je ne compte plus les détonations plus ou moins accentuées qui nous parviennent. Ce qui m'aurait démesurément inquiété les premiers jours, dérange à peine mon attention. Les symptômes alarmans sont disparus. Les sources ne sont plus troublées : elles l'ont été tellement qu'on pouvait croire, en buvant un verre d'eau, qu'on avalait une sauce à

2

la moutarde. Les étoiles n'ont pas perdu leur éclat perfide ni leurs beaux sourires mélancoliques.

Nos propriétaires nous affirment que nous n'apprécions pas notre bonheur : *Sua si bona nôrint !* Ils nous persuaderaient, s'ils le pouvaient, que le tremblement de terre est une prévenance de l'administration ; à les entendre, les Pyrénées remplaceraient le Casino et nous feraient danser bénévolement jour et nuit, nous, nos appartemens, et ce qui s'y trouve. Nos Médecins nous regardent comme privilégiés d'avoir eu l'occasion inespérée de jouir d'un exercice hygiénique des plus salutaires. Nous allions mener la vie plate et sommeillante de la Province ; la nature elle-même est venue nous offrir un Antihypnotique. Un de ces jours, on va nous présenter une note où les secousses et les oscillations seront tarifées et on mettra dans les Guides : *Bagnères renommée pour l'abondance de ses eaux et le charme de ses tremblemens de terre.* On indiquera les appartements les plus favorables aux commotions !...

Il est bien temps de retourner à notre voyage. Je partais de Bordeaux et je t'amenais à Pau. J'avais hâte d'apercevoir les Pyrénées. Je n'ai rien à ôter de mon admiration première. Il y a pourtant des instans où chaque montagne devient pour mon imagination le couvercle d'autant de chaudières qu'il y a de sommets, et j'ai peur parfois que quelqu'une n'éclate.

V.

Étant à Amiens en 1851, pour l'inauguration de la statue de Gresset, je m'avisai d'aller cher-

cher la mer à St-Valery. A quelques lieues d'Ab-
beville, mes yeux avaient beau interroger l'horizon,
l'horizon restait muet. J'étais sur le quai de St-
Valery et je l'interrogeais toujours. Point de mer,
pas la moindre vague, pas même au loin cette
frange d'un bleu sombre qui orne la ceinture de
Thètis. — Je compte sur ta science mythologique,
pour comprendre ce bout de phrase. Par exemple,
je fais cadeau à Thètis d'une frange à sa ceinture, je me flatte de cette invention comme d'une
chose inouïe dans l'histoire de la mode. — A St-
Valery, il n'y avait ni ceinture, ni Thètis ; deux
Sloops étaient couchés sur le flanc, la baie de la
Somme était à sec ; la rivière seule y coulait tran-
quillement à travers les sables. Le lendemain, je
fus obligé de me rendre à deux lieues de là, pour
savoir ce qu'était devenue La Manche. Les géographes font passer St-Valery pour un port de mer !

Un désappointement analogue m'attendait à Pau ;
j'avais lu partout : Pau, préfecture, ville de 15,000
âmes *au pied des Pyrénées*. Je m'étais laissé prendre à cette métaphore géographique. Dès que je
me sus à dix lieues de Pau, je me livrai à un
exercice d'écureuil dans sa cage, me jetant d'un
coin à l'autre du coupé, ouvrant et refermant les
vitres, exigeant de mes yeux impuissans qu'ils
perçassent les nuages, que le soleil lui-même ne
parvenait pas à traverser :

Promissum que sibi voluit prænoscere cœlum
Nec miser ignotas hospes inire domos.

Ce ciel chaud qu'on m'avait promis était le
ciel gris du Nord ; cette ville inconnue à qui j'allais

demander, le repos et la santé commençait pour
mon arrivée, par faire disparaître son décor de
montagnes. Mon imagination s'apprêtait à tirer
un feu d'artifice, et la poudre manquait.

Je fus trois jours couché, abattu par la fatigue
et ne voulant rien voir de cette menteuse petite ville
avant qu'elle ne m'eût montré les Pyrénées. Est-ce
que Louis XIV, me disais-je avec inquiétude, n'aurait pas fait aussi une métaphore ? N'y aurait-il plus
de Pyrénées ? Un matin, je suis reveillé par le soleil
en personne ; je me lève pour le remercier de son
bonjour et lui ouvrir ma fenêtre. Ah ! sœur enthou-
siaste, que n'étais-tu là ! Au devant de moi s'éten-
daient les Pyrénées ; une neige étincelante les cou-
ronnait et se jouait à leur sommet ; comme l'écume
resplendissante de ces vagues gigantesques, elles
semblaient accourir en bondissant derrière les collines et prêtes à les franchir. Ces pauvres collines
que je prenais la veille pour des montagnes m'avaient
l'air de ces maigres dunes contre lesquelles vient
mugir l'Océan et qui l'arrêtent avec un grain de
sable. Ces Pyrénées, que je croyais tenir sous ma
main, dont je me figurais être séparé seulement par
une vallée et quelques côteaux, dix lieues de vallées et de côteaux les rejetaient loin de moi. Je
maudissais les géographes et les professeurs de rhé-
torique. Je réfléchis cependant à ceci : que Pau étant
littéralement au pied des Pyrénées, il aurait le sort
de Bagnères, de Saint-Sauveur, de Cauterets et des
Eaux-Bonnes ; c'est-à-dire, le sort d'un spectateur
qui est dans les coulisses au lieu d'être dans la salle.
Et je bénis les géographies, leurs métaphores et leurs
professeurs.

Pau est en effet un amphithéâtre devant lequel se déroule un vaste tableau. Le soleil, ce grand peintre, change continuellement les tons, varie les couleurs, déplace la perspective, efface les teintes ; d'une heure à l'autre, il vous fait du Rubens ou du Rembrant. Aujourd'hui les montagnes ressortiront éclatantes sur un fond d'azur, aucun pic, aucune arête ne vous échappe, tout est tracé avec la pureté rigoureuse d'un dessin linéaire ; demain tout sera confus comme une ébauche, ou heurté comme un décor à la brosse; ce matin, vous avez la limpidité calme de Poussin; à midi, c'est la couleur grisâtre d'Ingres; plus tard, c'est la sérénité de Glayre ; le soir, c'est le ciel empourpré de Claude Lorrain ; après demain, Delacroix avec sa palette aura crûment étalé partout du rouge, du vert et du bleu. Et puis, tout-à-coup, un voile tombe on ne sait d'où, et Pau n'a plus à regarder que ses coteaux et son Gave. Toute autre ville pourrait s'en contenter et même s'en énorgueillir.

J'ai joui cinq mois de ce beau spectacle, hélas ! J'en jouissais seul ! Je compris mieux que jamais celui qui avait dit : La solitude est une belle chose, mais il faut avoir près de soi quelqu'un à qui l'on puisse dire : La solitude est une belle chose ! Mes chers livres m'étaient interdits. Le monde était loin d'être une distraction suffisante, un monde d'Anglais surtout. Ils abondent aux Pyrénées puisque les Alpes n'ont plus leur estime. Deux ou trois familles Russes habitaient Pau avant la guerre. Le Czar les a rappelées. Pau n'est donc pas précisément une ville de Province, elle en a certains inconvénients, mais non les ridicules...

Les étrangers y ont introduit l'élégance de leurs
habitudes ; et en qualité de provenances étrangères
ces habitudes ont été frappées de taxes et de sur-
taxes qui témoignent de la capacité financière des
Béarnais. Quel chapitre amusant je réserve à mes
mémoires sur ce sujet ! Les propriétaires, leurs es-
pèces, leurs variétés ! La flore de Pau ne sera pas
la moins riche. Chaque ville a son industrie et l'ex-
ploite selon une échelle de proportion qui lui est
imposée et par la limite de ses forces productives et
par les caprices du commerce extérieur, ou simple-
ment par une vogue momentanée. A Bordeaux, tout
le monde sans exception est marchand de vin. A
Bagnères, on est marchand d'eau. A Pau, on vend
l'air. Le vin s'expédie ; les chimistes fabriquent dans
leurs laboratoires toutes les eaux imaginables ; la
nature elle-même s'y tromperait. Mais le climat ne
se met pas en bouteille. Il faut venir le prendre
sur place. Pau a un réservoir d'air privilégié. Les
vents y sont presque inconnus. Le froid n'a pas
cette brutalité de caractère à laquelle il se laisse
aller dans le nord. Ses visites sont d'ailleurs très-
courtes et peu fréquentes. Cette année l'hiver a tenu
à s'acquitter de ses fonctions ordinaires ; les auto-
rités supérieures ne lui ont pas accordé un long
permis de séjour, deux semaines tout au plus.

Je renaissais à cette bonne chaleur ! La vie ren-
trait en moi heure à heure. Elle y fut rentrée bien
plus vite si j'avais eu ton bras pour appui dans mes
promenades solitaires et ton cœur pour ranimer
le mien.

VI.

Que te dirai-je encore de Pau? Le climat et l'aspect des Pyrénées, sont les séductions principales de cette ville. Aussi trouve-t-on que la nature a fait assez pour Pau et qu'il n'est pas besoin d'ajouter à ses embellissemens. La seule curiosité archéologique est le château, à moitié forteresse féodale et à moitié résidence princière. Je ne saurais t'en donner qu'un inventaire insuffisant. Je vais cependant l'essayer. — Au rez-de-chaussée, deux statues d'Henri IV, l'une moderne, l'autre de son temps et dont la tête est tout à fait celle du masque en cire conservé à Chantilly et qui avait été empreint sur le cadavre du roi peu après l'assassinat de la rue Ferronnerie. — Deux salles des gardes, la première avec la haute et vaste cheminée dans laquelle on pouvait brûler un arbre entier, la seconde ayant beaucoup plus du vestibule, sans cheminée aucune et donnant entrée par *des portes très ornementées dans* une troisième salle où cent convives dîneraient à l'aise.

L'épreuve en a été faite par M. le duc de Montpensier, il y a quelques années, et a parfaitement réussi. Des tapisseries de Flandre à sujets de chasse recouvrent les murs. Les tables sont dressées au milieu de la salle et attendent des convives qui n'attendent qu'une invitation.

On monte des escaliers en vis et le gardien vous ouvre une suite d'appartemens et de cabinets meublés de bahuts, de crédences et de lits, la plu-

part apocryphes; souvent, pour qui y regarde à
deux fois, tel meuble est un composé hybride de
morceaux qui ont consenti avec peine à une union
forcée et passent leur temps à se faire la grimace.
Les tapisseries sont seules remarquables; celles des
Gobelins ont surtout une sorte de majesté parti-
culière et comme un reflet historique; elles retra-
cent les anecdotes connues de la vie d'Henri IV,
avec une puissance d'expression et de coloris que
la peinture ne saurait dépasser.

Une chambre qui précède la chapelle a pour
tenture celle qui décorait le cabinet de Louis XIV
à Versailles. Pourquoi lui a-t-on fait faire tant de
chemin? C'est une question que je pose au garde
meuble qui ne me répondra pas. La manufacture
de Beauvais a été chargée de représenter le 18.e
siècle en reproduisant des scènes pastorales de
Boucher, de Watteau et de Téniers. La fraîcheur
des teintes est encore prodigieuse. Je voudrais bien
savoir ce que fait au milieu de tout cela le lit de
M.me de Maintenon, un lit magnifique, œuvre des
demoiselles de Saint-Cyr? Encore si on l'avait mis
avec les cariatides, les panoplies et les fleurs de lys
qui ont vu s'ennuyer le grand Roi! Mais on l'a
relégué dans la chambre où a vécu Abd-el-Kader
avec ses femmes et il n'a pour compagnie que des
chimères ou des sphinx venus de Flandre, et aucune de ces choses ne parle la langue du 17.e
siècle. Le lit de Jeanne d'Albret est chez lui au
moins, et s'il est aussi en présence d'objets dont
on lui ait imposé la société, il doit se souvenir
du cantique que la mère d'Henri IV chantait en

accouchant. Qu'il la redise aux vieux murs du
Château, ils le lui répèteront en chœur :

Nousté-Dame deü cap deü poun
Adjudat-mé à d'aqueste ore ;
Pregats aü Diü deü Ceü
Qu'em boulhe biè deliüra leü ;
D'ù maynat qu'em bassie lou doun ;
Tout dinqu'aü haüt deüs mounts l'implore.
Nousté-Dame deü cap deü poun,
Adjudat-mé à d'aqueste ore !

—

Notre-Dame du bout du pont
Secourez-moi à cette heure ;
Demandez au Dieu du ciel,
Qu'il veuille venir me délivrer promptement
D'un garçon qu'il me fasse le don
Tout jusqu'au haut des monts l'implore
Notre-Dame du bout du pont
Secourez-moi à cette heure.

Je ne puis pas citer un vers singulièrement ex-
pressif, par lequel Jeanne d'Albret demandait sa dé-
livrance en employant un style beaucoup moins mys-
tique. On comprend qu'une femme qui chante à
une pareille heure, puisse avoir des expressions
d'une énergie extraordinaire. Une chose que je com-
prends moins, c'est qu'on n'ait pas mis le lit de
la mère d'Henri IV avec le berceau de son fils.
Ce berceau est une écaille de tortue ; on a mieux
aimé l'exposer sous un trophée de drapeaux. Le
tableau de Deveria devrait être ici ; ne serait-ce
pas sa véritable place ? — Il n'y a pas une seule

3

toile dans tout le château. — A la chapelle, qui
n'a que cela de remarquable, on peut admirer une
copie de Zurbaran faite à la manufacture de Sèvres.
Le Christ naissant est adoré par les Bergers, toute
la lumière se concentre sur l'enfant divin et en-
toure ses langes d'une auréole. Les anges chantent
le *Gloria in excelsis*. La Vierge, comme toutes les
mères, est en contemplation devant son nouveau né,
car pour elle, il n'y a rien au monde, ni anges,
ni bergers, rien que le doux soupir de l'enfant qui
sommeille. On ne reconnaît plus le sombre peintre
du St-François à genoux avec sa tête de mort dans
les mains, et que tu n'osais envisager. Je ne sache
plus autre chose qui mérite l'attention, si ce
n'est une statue d'Henri, enfant, par Bosio,
dont le modèle est au Louvre, de beaux vases de
Sèvres, sur lesquels on a peint l'inauguration de
la statue équestre du Pont-Neuf, le défilé de la
garde Royale et l'enthousiasme des parisiens; — une
mosaïque de tous les marbres de Suède, présent
de Bernadotte, un clavecin à deux claviers ayant
servi à Marie Antoinette, et je crois que je suis au
bout de mon inventaire.

Le château de Pau ne peut se comparer à aucun
des châteaux royaux; il est tout à la fois martial
et élégant, c'est un gentilhomme de la renaissance
avec une armure du moyen âge. Les siècles l'ont
délabré mais non détruit, les hommes l'ont mutilé
mais non renversé; il a tenu bon contre le temps
et les démolisseurs, on n'a pu en faire une ruine.
Le goût architectural de Louis XIV et de Louis
XV ne l'a pas défiguré; ce n'était pas l'ennemi
le moins à craindre. Il eût été difficile de s'atta-

quer à ce robuste vieillard. Pour l'obliger à re-
vêtir le costume à la mode, il eût fallu l'amputer ;
les architectes de ce temps-là étaient des tailleurs
féroces qui ne reculaient devant aucune opération,
pourvu qu'ils habillâssent un monument à leur fan-
taisie. Témoin, toutes les églises de Paris. Heu-
reusement, les poëtes sont venus relever l'art de
sa décadence.

Châteaubriant et V. Hugo nous ont donné les
architectes, les sculpteurs et les peintres que nous
admirons. L'école du 19.e siècle est sortie de leur
cerveau, comme Minerve de celui de Jupiter. La
musique a eu Rossini, Meyerbeer et Berlioz ; la
peinture, Ingres et Delacroix, Horace, Vernet et
Delaroche ; la sculpture a déjà plus de noms
à ranger sur la même ligne. Pradier et David
d'Angers ont été les plus féconds ; combien les
suivent et les atteignent d'un élan, sans compter
Préault. Musiciens, peintres, sculpteurs ont dit
leur mot. Chacun a fait son poëme, les uns une
strophe, les autres un hymne, peu importe, ne
fût-ce qu'un vers, ils ont créé. L'architecture n'a
encore rien dit, elle fait de la science et n'a plus
d'inspiration, elle commente les œuvres du passé
et ne compose rien de son propre fonds. Elle fait
le travail des savants du 16.e siècle qui retrou-
vaient les manuscrits antiques et refesaient des dis-
cours avec des lambeaux de Cicéron et des poésies
latines avec des centons de Virgile et d'Horace. L'architecture est réduite à imiter la philosophie et à faire
de l'éclectisme. Les Romains étaient déjà des copistes
de l'art grec. Le moyen âge, la renaissance ont
eu leur inspiration, le soufle de la Royauté a fait

éclore quelques œuvres et puis tout a été s'amoindrissant. L'architecture est morte comme art, et ce n'est pas le 19e siècle qui la ressuscitera. Qui pourrait dire quelle est sa foi ? J'entends répondre : L'industrie ! L'industrie n'a rien à voir avec l'imagination et le cœur ; ce n'est pas une foi, c'est une affaire d'intelligence et de calcul. Elle remue et transporte des montagnes, sa puissance est celle de Vulcain et des Titans. Je préfère le sourire de la plus simple des muses à la force de Briarée.

Si j'accordais à cette digression tous les points d'admiration qu'elle mérite, j'épuiserais mon encrier et je blesserais ma modestie ! deux choses bien inutiles. Il vaut mieux passer outre et éviter d'en recommencer une nouvelle à propos de celle-ci. J'avais l'intention de rendre justice aux sculpteurs, aux architectes et même aux divers gouvernemens qui se sont occupés de la restauration si désirable et aujourd'hui presque complète du Château de Pau. Je ne suis plus dans le cas de tourner le moindre compliment. J'allais faire de hautes appréciations sur Bernadotte et Henri IV. Cette digression m'a mené trop loin. Bernadotte a son nom inscrit sur la plaque bleue d'une rue, la date de sa naissance est gravée sur le marbre à la porte de la maison où il est né, et c'est tout. Au fait, il est devenu Roi et Suédois. Henri IV, lui, est resté l'enfant du pays. Il est partout, en statue, en portrait, en bas-relief. Il s'appelait lui-même à chaque instant le Béarnais, se vantait d'agir en vrai Béarnais. Et comme dit la Henriade :

Il fut de ses sujets le vainqueur et le père.

Grand politique après tout et qu'on devait placer au Panthéon et non sous un dais à côté de St-Louis. A Pau on avait commencé à ériger une Eglise au pieux Roi, le souvenir d'Henri IV l'a emporté; tout ce qui lui appartenait a été retiré de la poussière, étalé au beau soleil; l'Eglise sert de refuge aux chauve-souris et de remise aux cochers !...

Nous allons arriver à Bagnères et alors je reviendrai encore à Pau, car je n'ai pas tout dit, quoique j'aie beaucoup dit. Je ne crains pas, sœur aimée, que tu me répètes le mot de Pascal : Le moi est haïssable. Toi qui n'as jamais pu haïr personne, comment haïrais-tu un misérable pronom, surtout quand c'est ton frère qui l'emploie ?

VII.

Un mois avant mon départ de Pau, Gustave m'était tombé du troisième étage de la rue de l'Abbaye dans ma chambre de la rue du Collége. Malheureusement pour lui, l'hiver finissait et les pluies de printemps commençaient. Il s'étonnait beaucoup d'avoir à se servir de son bouclier de soie verte (Vulgò parapluie) autant contre le soleil que contre les nuages. Mars a ici, par accès, des ardeurs caniculaires capables d'enflammer des cerveaux moins inflammables que celui de Gustave. Je le promenai consciencieusement dans toutes les rues, il me ramenait toujours au Parc et à la place Royale parce que là seulement on voyait, disait il, les beautés du pays, les Béarnaises et les Pyrénées. Je le conduisis à la Bibliothèque dont les plus assidus lecteurs sont les soldats de la garnison, et MM. les

professeurs du Collége, les seuls lecteurs sérieux ;
La *Revue des Deux-Mondes* et le *Mémorial des
Pyrénées* ont le privilège d'occuper le loisir des gens
lettrés qui ne vont pas au cercle. Je le trainai
presque de force aux Archives. On venait de découvrir une lettre latine de Mélanchton , Gustave,
le collectionneur Gustave ! la regarda insoucieu-
sement. Il ne fut pas plus ému d'avoir devant les
yeux des milliers d'autographes d'Henri IV, des
Valois , de Charles VII , etc., que s'il eût été
un Hottentot de la rue Mouffetard. Je le menai à
la place Grammont , il me dit que c'était la rue
des Pyramides en laid. Alors je l'abandonnai à ses
contemplations. La nature l'absorbait. Il ne lisait
plus, il se peignait plus , il ne chantait plus; il
était devenu amoureux... des Pyrénées.

Pour couper court aux soupirs , aux Odes et aux
guitares (style Castibelza) , je n'avais plus qu'une
chose à faire , le rapprocher de l'objet de sa passion. Bartholo était un tuteur maladroit , parce qu'il
était jaloux. Almaviva n'eût pas épousé Rosine s'il
eût pu la voir à toute heure. Dès qu'elle fut Comtesse et qu'il ne fallut plus se déguiser, Almaviva
redevint un mari ombrageux et prosaïquement in-
fidèle. Gustave n'était pas même un Almaviva. Tout
au plus était-ce un tendre Ottavio , ne parlant plus
que par interjections. Je me sentais très indulgent.
Il m'eût été facile de lui rendre les épigrammes
dont il m'avait poursuivi tant de fois, quand , moi
aussi, j'avais été épris d'amour platonique pour la
mer, les forêts, et souvent pour bien moins.

Un soir qu'il était à sa fenêtre et qu'il pleuvait,
j'abordai la question du départ. Némorino mio ,

lui dis-je, *tu meurs du spleen*. Pau est devenu une gouttière et ne va pas tarder à se changer en fournaise. Il faut éviter d'être noyé ou rôti.

Les montagnes sont disparues, allons voir là-bas ce qu'on en a fait. Gustave consentit et me laissa préparer les choses nécessaires à un déplacement. Je ne m'arrangeais pas de son mutisme. Lui, d'ordinaire, si loquace et d'une vivacité d'esprit si peu tempérée, se retranchait dans les monosyllabes de l'affirmation et de la négation. Je n'étais pas assez fort tout seul pour le faire sortir de ses retranchemens. Je cherchai des auxiliaires et je trouvai une Comtesse et un savant. C'était rassembler contre mon Gustave les élémens les plus propres à le mettre en combustion. Le savant est un ancien professeur en lunettes qui avait réclamé la faveur de nous accompagner et de nous éclairer de ses lumières. Je priai M. de Bouquinville d'accepter une place dans notre voiture pour lui et ses lumières. La Comtesse n'est autre que Madame de Cartonvieux. Tu la sais par cœur. La distraction et elle ne se sont jamais quittés.

La petite mine chiffonnée qui lui a appartenu, appartient, à l'heure qu'il est, à un lorgnon enfourché perpétuellement sur un nez jadis appréciable et apprécié. Ses yeux n'ont jamais eu comme son esprit que des étincelles. Aujourd'hui, il n'en part plus que de son esprit. Cette femme a doublé le cap des tempêtes et est entrée malgré elle dans l'Océan pacifique; sa coquetterie est la seule cargaison qu'elle ait sauvée de tous ses naufrages, elle en offre encore à tout venant. Personne ne se laisse prendre à cette marchandise trop avariée. Il ne fallut

pas beaucoup d'efforts pour la décider à nous suivre. Il me suffit de lui dire que nous irions jusqu'à
l'enlèvement si elle nous résistait, elle fut ravie.
Nous étions convenus avec le Professeur et la Comtesse de ménager à Gustave la surprise de leur
embarquement dans nos projets et dans notre lo-
comotive à deux chevaux. Je prévins Gustave
afin que sa politesse tînt sa bonne humeur sous les
armes et fût prête à les présenter à nos invalides,
le professeur invalide de l'Université, la Comtesse invalide de la restauration, amazone en retraite
qui avait fait plus de blessures qu'elle n'en avait
reçu, et moins que son historiographe, l'amour-
propre, n'en avait raconté dans ses victoires et con-
quêtes. Le premier rayon de soleil qui paraîtrait
devait être le signal, il parut deux jour après nos
arrangements définitifs ; un mardi à neuf heures
du matin, nous roulions tous les quatre vers le département des Hautes-Pyrénées.

Gustave avait exprimé une surprise très bien
jouée, et une courtoisie à laquelle la Comtesse put
se méprendre. Il marchait sur les nues de l'enchan-
tement ; elle s'imaginait tenir encore la baguette
magique de ses féeries d'autrefois. L'imagination
de Gustave avait opéré toute seule la métamorphose,
et d'un mortel très ennuyeux et bon à mettre aux
sourds muets, elle avait fait un demi dieu rayon-
nant, un mercure avec des ailes aux pieds et à
la tête, et dont les paroles elles mêmes étaient
ailées, ni plus ni moins que celle d'un héros
d'Homère.

A peine fûmes nous installés, Gustave en face
de la Comtesse, moi en face de M. Bouquinville,

que nous nous adressâmes unanimement la même question : Ah ça! où allons-nous?

La Comtesse. — Laissons-nous conduire à Bétharam, et là nous réfléchirons et nous déciderons si à Lourdes nos postillons prendront à droite ou à gauche ; nous aurons évité Tarbes, ce sera autant de gagné. Tarbes est un grand village, n'est-ce pas M. Bouquinville ? Les géographes ne doivent pas avoir deux opinions là-dessus.

M. Bouquinville. — Mme la Comtesse me permettra de lui dire que les géographes n'ont pas en général d'opinion sur la beauté des villes. Ils font de la statistique, ils ne s'élèvent jamais jusqu'à l'esthétique.

La Comtesse. — Votre érudition me pardonnera de lui répondre que les géographes veulent se connaître en beauté tout comme les autres. Ils sont polis et ne se servent que de qualificatifs agréables ; ils disent par exemple : Mantes la jolie, Brives la gaillarde, Vitry-le-Français, etc., etc.

Gustave. — Une ville, madame, c'est une mère à laquelle on est attaché par mille liens. La beauté n'est pas un lien entre une mère et son fils.

La Comtesse. — J'ai entendu chanter cela en romance, musique de Loïsa Puget, paroles d'Aristide de Latour : *Une mère est toujours belle pour son enfant.* Je doute que vous voulussiez de Tarbes pour mère.

Gustave. — On ne choisit pas plus sa mère que sa patrie. Si j'étais né à Tarbes, j'aimerais Tarbes.

Moi. — Ce n'est déjà pas une ville si dépourvue de tout agrément. On y élève des chevaux et on y trouve d'excellens champignons.

La Comtesse. — Dans les rues ?

Moi. — Oui, madame, dans les rues où il y a des hôtels et de bons cuisiniers, au reste je n'aurais nullement les dispositions filiales de Gustave, pour toute espèce de ville. Je proclame qu'il n'existe au monde qu'une ville, Paris.

La Comtesse. — Et Londres ?

— Un immense bazar.

— Et Rome ?

— Un musée. L'Italie est une galerie de tableaux et de statues.

— Et Saint-Pétersbourg ?

— Une glacière, que nos soldats vont bientôt envoyer par morceaux à Tortoni. Lekain disait que Londres était bon pour les anglais, et Paris, bon pour tout le monde. Il en est ainsi de la France. En ce moment même ne jouissons-nous pas d'une température aussi délicieuse que l'Italie ? On n'ira plus à Nice, ni à Pise chercher un climat beaucoup moins doux que celui de Pau. Et puis, voyez ces vignes, ces haies de lauriers, ces côteaux, et ce gave murmurant. Nous traversons un jardin.

La Comtesse. — Ce gave est insupportable ; il gronde toujours ses cailloux.

Moi. — Tous les gaves que vous entendrez sont furieux et grondeurs, non pas contre leurs cailloux, mais bien plutôt contre les paysans et les citadins qui leur enlèvent ces malheureux cailloux qu'ils se donnent la peine de ramasser et de rouler de leur source à leur embouchure. Tous les villages sont bâtis en pierre du Gave. Les torrens en ce pays-ci sont des carrières pour les riverains.

La Comtesse. — Ils devraient bien tailler leurs

cailloux quand ils les destinent à être des pavés.
A Pau on marche dans un gave à sec....

Gustave. — M. Bouquinville aura-t-il l'obligeance
de nous désigner sur la route les points historiques
qui mériteront quelque attention.

M. Bouquinville. — Mon Dieu ! Monsieur, un
guide vous en apprendrait beaucoup plus que moi.

Gustave. — C'est trop de modestie.

La Comtesse fredonnait entre ses dents le duo des
Voitures Versées : *Non, non, il n'est pas sage de
suivre un guide tel que vous.*

M. Bouquinville reprit :

Vous n'avez entre Pau et Bétharram que Coarraze
où Henri IV a été élevé. Il ne reste qu'une tour de
l'ancien château et une porte sur laquelle vous lirez :
Lo que ha deser no puede fallar. Ce qui doit être
ne peut manquer. Cette devise assez fataliste serait
celle d'un seigneur Espagnol ou Béarnais qui, mandé
par Pierre-le-Cruel, n'aurait pas hésité à se rendre
à ses ordres quoiqu'il sût devoir être assassiné par
lui ou pour le moins retenu prisonnier comme ayant
pris le parti d'Henri de Transtamarre. Mais cette
tradition trop vague ressemble tant à ce que raconte Froissart de Gaston-Phébus et d'Arnault de
Béarn que je crains que la tradition n'ait, comme
à l'ordinaire, confondu deux histoires en une.

La Comtesse. — Gaston-Phébus ! quels jolis noms !
Je crois avoir lu cela, je ne sais où, et cet atroce
Arnault voulut le tuer et lui prendre le château de
Pau, que ce charmant Gaston avait bâti ?

M. Bouquinville. — Pardon, Madame la Comtesse, ce fut votre charmant Gaston qui, malgré
son joli nom, fut l'assassin, et il s'agissait du châ-

teau de Lourdes que Gaston s'était engagé à rendre
au duc d'Anjou, frère de Charles V, qui avait échoué
devant les murs du château et la valeur d'Arnault de
Béarn qui tenait pour les anglais. Phébus manda
le chevalier à Orthez. Arnault pressentait son sort.
Avant de partir, il établit son frère comme lieute-
nant et lui fit jurer fidélité. Arrivé à Orthez, il fut
accueilli par Gaston avec tous les semblants d'affec-
tion imaginables. Cela dura deux jours. Le troisième, Gaston se découvrit et somma son cousin de
lui livrer Lourdes. Arnault ayant refusé, le gentil
Gaston-Phébus se jeta sur son beau et amé cousin
et ne s'arrêta qu'après lui avoir porté cinq coups de
dague, après quoi, il commanda qu'il fût mis dans
la fosse et y mourut de ses plaies. Eh, bien! Comtesse! trouvez vous toujours ce Gaston Phébus aussi
charmant?

La Comtesse. — En définitive, cet Arnault était
un ennemi puisqu'il tenait pour les Anglais. Gaston
s'en est débarrassé comme il a pu. En ce temps-là,
on avait d'autres idées que les vôtres sur le droit
des gens.

M. Bouquinville. — L'aimable Gaston avait accepté
40 mille francs en or et la promesse du comté de
Bigorre; ces puissants motifs l'avaient incliné au parti
Français. En ce temps-là, comme vous dites, l'honneur était un beau texte que chaque seigneur interpré-
tait à sa guise. L'honneur consistait bien plus dans
la bravoure que dans la fidélité. On se fesait Anglais ou Français, Armagnac ou Bourguignon à tour
de rôle. Plus tard, on se fit Espagnol contre Henri
IV et Louis XIV. Maintenant, Dieu merci! Il n'y
a plus qu'un honneur, pour tout le monde, celui de
la France.

La Comtesse. — M. Bouquinville se croit à la Sorbonne. Tâchons d'être aux Pyrénées. Cependant puisque vous êtes là autant s'adresser à vous qu'à un livre. Vous devez être fort en étymologies. D'où peut dériver ce mot de Pyrénées ? Ayez la générosité de ne point nous bourrer de latin.

M. Bouquinville. — Madame , un homme d'esprit a dit , le latin est bon parce qu'il apprend à s'ennuyer. Les gens du monde ne se doutent pas quelle facile ressource ils auraient là pour conjurer cette lourde épidémie de l'ennui qui les décime.

La Comtesse. — Je suis du monde. Je ne sais pas le latin, et je n'ai jamais su non plus un quart d'heure ce que c'était que l'ennui. Le latin me l'eût certainement appris. L'homme d'esprit et et vous, mon vieil ami, vous radotez. Parlez-nous des Pyrénées et de leur étymologie.

M. Bouquinville. — Bavez de Macaya dans une note de son histoire du Bigorre mentionne quatre auteurs qui ont recherché cette étymologie. Diodore de Sicile en qualité de Grec la tire du mot *Pur, Pyr*, feu. D'après lui les Pyrénées auraient été autrefois couvertes de forêts que les Pâtres se seraient avisé d'incendier. Silius Italicus raconte, lui, qu'Hercule ayant aimé une fille du Roi des Brebices enlevée trop tôt à son amour , aurait erré dans les montagnes en répétant partout ce nom de Pyrénée qu'elles garderaient encore.

Defletum que tenent montes per sæcula nomen.

La Comtesse. — Ce latin est de trop. M. Silius a essayé de faire de ce gros Hercule un Orphée regrettant son Eurydice ; en même temps qu'il s'essayait à faire le Virgile. Hercule et son poète sont deux lourdauds. Pour l'honneur des Pyrénées, je repousse le surnom de Mademoiselle Brebice. Continuez Bouquinville.

M. Bouquinville. — Samuel Bochart savant orientaliste explique le mot de Pyrénées par celui de Purani, lieu sombre en Phénicien.

La Comtesse. — Il y aurait bien d'autres lieux que les Phéniciens eussent pû appeler Purani sans venir de si loin nous doter d'une dénomination baroque.

M. Bouquinville. — Enfin, l'historien espagnol Mariana fait découler le nom de Pyrénées du Celtique *Byren*, *Birin*, *Montagne*.

La Comtesse. — C'est la seule explication qui ait le sens commun. A présent si nous regardions un peu où nous en sommes? — Nous approchons de Coarraze.

Gustave. — Et des Pyrénées.

M. Bouquinville. — Nous allons les longer jusqu'à Lourdes à partir de Bétharram. Mais vous n'aurez qu'une sorte de préface du grand poëme qu'elles annoncent. Nous voici à Coarraze. Lisez l'inscription Espagnole.

La Comtesse. — Ce Parc est la reproduction de celui de Pau.

Gustave. — A moins que le Parc de Pau ne soit la reproduction de celui-ci. Quelle admirable situation! Ce Château a dû rendre poètes tous ceux qui l'ont habité.

La Comtesse. — Le Gave est bien bon d'avoir continué à passer sous ce pont-là! On lui en avait construit un tout neuf en fil de fer à quelque distance d'ici. Il a fait le tour du pont. Les ingénieurs ne lui croyaient pas le caractère aussi Béarnais.

Nous descendions grand train vers Lestelle. La chaleur nous rendît un peu silencieux. Une avenue de cerisiers entremêlés de vigne nous conduisit au village et à un des hôtels de l'endroit. Nous apercevions des fenêtres l'église de Bétharram et sa façade noire et blanche en marbre. Nous nous y rendîmes pendant qu'on s'occupait de réatteler. Le portail est orné des statues des quatre Evangélistes et de celle de la Vierge, toutes en marbre blanc. En entrant dans la chapelle, je fus étourdi par la quantité de couleurs qui me sautèrent aux yeux. Peintures sur bois, peintures sur toiles, peintures à la voûte, à l'orgue, sur les piliers, sur les murs. Tout cela accuse beaucoup de foi, beaucoup de piété. Mais quelle profusion de dorures, de rideaux rouges et de tableaux rouges! Les populations Méridionales ont un besoin de représentations religieuses qui, dans le Nord, nous scandaliseraient presque. Les pompes sévères du catholicisme ne leur suffisent pas. A chaque solennité, on traduit aux yeux le mystère qu'on célèbre.

Bétharram est un but de pélérinage et signifie *Beau Rameau.* La première chapelle fut probablement creusée dans le rocher, et la statue miraculeuse placée au milieu des ronces, entourée de branches de chêne, de sapin ou de buis. La légende est à peu près la même que celle de toutes les Notre-Dame. La Vierge est apparue à des bergers et a désigné elle-même le lieu où elle voulait être honorée. Bétharram est au bas d'un monticule au sommet duquel sont plantées trois croix. Quatorze bas-reliefs sont espacés à chaque détour du sentier et figurent les diverses scènes de la passion. Nous ne pûmes monter jusqu'au calvaire ni nous rendre à une grotte que l'on visite ordinairement. Nous ne laissâmes pas le temps à la Comtesse de se faire montrer le voile et la robe de noces de Mme de Chambord, ce qui la désola. Elle remonta en voiture fort mécontente de nous.

Nous retraversâmes le Gave de Pau. M. Bouquinville nous avertit que nous étions en Bigorre.

Je croyais pouvoir de Pau te mener d'un trait à Bagnères sans m'arrêter. Il est temps de laisser reposer ma plume. Il y a six mois, j'étais un pauvre roseau penchant et non pensant comme celui de Pascal. Un chêne quelconque aurait pu me dire :

Une plume est pour vous un bien pesant fardeau,
Le moindre vent qui d'aventure fait rider la face de l'eau
Vous oblige à tourner la tête.

Aujourd'hui je remplirais l'office des quatre secrétaires de César et je soufflerais dans toutes les trompettes de la renommée, je ferais reculer Borée en personne.

Merci à Dieu ! qui m'a sauvé par toi et pour toi !

VIII.

La première bourgade que nous rencontrâmes, fut St-Pé, abréviatif de St-Pierre, où avait existé autrefois un monastère que les évêques de Lescar et de Tarbes n'avaient cessé de se disputer. Ce monastère avait été fondé au 11.e siècle par un duc de Gascogne, qui, en retour de la cession faite par les seigneurs du lieu, avait donné quatre chevaux et sa cuirasse et affranchi lesdits seigneurs de tout vasselage. Le St-Pé d'aujourd'hui ne serait disputé par personne. Nous aperçumes des boutiques de serruriers et de forgerons, des maisons sales, des femmes maigres, hâves, sans âge ; pas une figure jeune, /aucun de ces visages de paysans normands épanouis et frais ; la misère et l'idiotisme semblaient s'être partagé la population, et en être les derniers suzerains. Depuis Bordeaux, j'avais remarqué combien la noblesse du type méridional s'en allait dégénérant, à mesure qu'on se rapproche des montagnes. A Bordeaux, le peuple est d'une beauté qui a quelque chose de la majesté Romaine. Toutes les femmes ont des têtes de camée antique. Dans le Béarn on se croirait plus volontiers en Espagne ; les yeux sont noirs, les cheveux noirs, la parole inflammable. Les hommes ont le caractère trop plein de ruses, et l'esprit trop narquois, pour que leurs traits disent autre chose que la finesse du renard. Ils ont des apparences de passion, qui sont encore des cordes de plus à leur habileté. Henri IV est le prototype du genre.

Autour de Pau je n'avais rien vu de misérable et

de triste comme St-Pé. J'avais rencontré tous les
jours les femmes portant sur la tête leurs cruches
d'eau, des corbeilles remplies de linge, de légumes,
de fruits ou d'autres denrées. Elles allaient, ve-
naient, causaient et cela n'avait rien de pénible,
et paraissait plutôt gracieux. Au sortir de St-Pé,
nous vîmes de pauvres créatures en haillons traîner
de lourds fagots; toutes étaient pieds nus, plusieurs
d'une grossesse déjà avancée, leur front ruisselait
de sueur.

La Comtesse, dont le défaut n'est pas la sensi-
bilité, regretta de n'avoir pas pris la route de
Tarbes. Elle nous déclara que la vue de la misère
et de la souffrance lui était odieuse. Je ne l'igno-
rais pas. M. Bouquinville qui lui lisait habituel-
lement le journal, était chargé d'éliminer les nou-
velles alarmantes, les morts accidentelles. Il ne
devait y avoir pour elle en ce monde que des évé-
nements gais ou insignifiants. En 1849, un de ses
plus vieux serviteurs, son cocher, mourut du choléra.
On avait caché la présence du fléau à la comtesse.
Le soir même de cette mort elle demande François;
elle apprit son trépas, comme Louis XIV celui du
père la Chaise. Il la reçut dit St-Simon, en prince
accoutumé aux pertes. La Comtesse pour tout re-
gret s'écria : Vite! qu'on l'emporte et qu'on ne
m'en parle plus.

A quelque distance de St-Pé, la Comtesse re-
couvra l'usage de ses sens et de la parole.

— Bigorre doit vouloir dire quelque chose de fu-
neste, de malheureux, d'attristant. Ce pays de
bruyères, ces montagnes pelées, ces gens qu'on

ne peut pas regarder, ce mot de Bigorre exprime
tout cela , je le parierais.

M. Bouquinville. — Hélas! Comtesse! Bigorre
ne veut rien dire de sinistre. En basque, il signifie : doublement fortifié, par les montagnes et
le courage de ses habitants , je suppose. En Celtique : Pays froid.

Gustave. — Alors en latin comme en français,
Bigorre est le pays des Bigorrais , où des gens
qui ont froid et qui sont doublement fortifiés.

La Comtesse. — C'est déjà une chose triste d'ha-
biter un pays de neige.

M. B. — Ah! Comtesse! quand on aime la Russie,
il ne faut pas médire des pays froids. Ces messieurs ont d'autres impressions que les vôtres certainement.

Gustave. — D'abord nous sommes ce que l'on
appelait, il y a vingt ans, des romantiques. Nous
adorons la nature sous toutes ses formes. Le laid
n'existe pas dans la nature. Il est du fait de l'homme. Un grand artiste frappera au hasard et fera
de tout jaillir l'étincelle de beauté que Dieu y a
déposée. Ces gens qui tout à l'heure effrayaient la
Comtesse, croyez-vous que Callot, Murillo ou Zurbaran s'en furent effrayés ? Et ce paysage sombre,
ces montagnes sévères, croyez-vous qu'elles eûssent
déplu à Salvator Rosa ? Les Pyrénées ne sont pas
des montagnes d'Opéra Comique , c'est vrai, et je
me serais enfui si je n'avais retrouvé ici que les
côteaux de Meudon où les allées de Versailles.
Quand la nature veut faire du joli, elle ne s'y entend pas mal non plus. A nos pieds même est-
il rien de plus vert que ce vallon, de plus frais

que ces prairies? Et quand elle se mêle d'être grandiose, elle s'y entend un peu mieux que le grand roi.

La Comtesse. — Je vous passe vos théories romantiques et vos adorations de la nature. Vous me ferez regarder un site, une montagne, un abîme, quelque belle horreur, c'est possible; mais un homme déguenillé, malade, infirme, non. Je jetterai mon sou à un mendiant. Il n'y a pas d'art qui tienne. Je ne mettrai pas mon lorgnon pour voir s'il y a une étincelle dans le premier gueux qui me demandera l'aumône.

Gustave. — Et la charité, madame, n'est elle pas bien autrement puissante que l'art et ne fait elle pas découvrir Dieu lui-même dans le pauvre le plus hideux ?

La Comtesse. — J'ai lu la S.te-Elisabeth de M. de Montalembert, je ne me sens pas plus capable de l'imiter que de faire un tableau de Murillo.

Moi. — On n'est pas obligé d'être un saint pour être charitable, ni un homme de génie pour goûter le pittoresque.

Gustave. — Avant que nous n'arrivions à Lourdes, si M. Bouquinville nous en disait la chronique !

M. B. — Je vous dirai en peu de mots en quelles mains a passé le Bigorre. Comme toute la Gaule, il est tombé dans celles des Romains, puis dans celles des Visigoths et des Francs; d'assez rudes mains comme vous savez. Les Carlovingiens en façonnèrent un comté. Les Normands se hâtèrent de le ravager. Les Bigorrais ajoutèrent à leurs Litanies le verset fameux :

A furore normannorum , libera nos , Domine.

Le Bigorre fit partie de la maison de Carcassonne, ensuite de celle de Béarn, ensuite de celle de Marsan, ensuite de la maison de Comminges. Les Anglais s'en emparèrent après le traité de Brétigny. Jean Grailly, comte de Foix, fils du captal de Buch, obtint de Charles VII la possession de ce fief. Ses titres étaient d'être époux de l'héritière du Bigorre et d'avoir réduit le château de Lourdes à capituler.

Gustave. — Chose singulière ! un Grailly est mort acteur de la Porte-S.t-Martin, voilà peu d'années. On trouve dans ses papiers sa filiation authentique qui le rattachait au captal de Buch. Il affectionnait le rôle de Gauthier d'Aunay dans la Tour de Nesle et remplissait avec une grande distinction celui du duc dans Kean. Il n'y avait pas eu d'autre moyen pour lui d'être un gentilhomme que dans la vie du théâtre.

Moi. — M. Bouquinville excusera ton interruption. Elle avait son prix.

M. Bouquinville. — Assurément. Je finis mon abrégé historique. Le Bigorre fut annexé à la Navarre et en 1607, Henri IV le réunit à la couronne En 90, il était réuni à la France sous le nom de département des Hautes-Pyrénées.

Gustave. — Je réclamerai la chronique de Lourdes quand nous y serons passés.

La Comtesse. — Il vaudrait mieux penser au gîte où nous voulons coucher ce soir. Votre avis, Bouquinville !

M. Bouquinville. — Mon avis serait, si on veut bien s'en rapporter à moi...

La Comtesse. — Nous nous en rapportons à vous

* *
*

et à votre avis , dites le vite et ajoutez y de bonnes raisons.

M. Bouquinville. — Mon avis serait d'aller nous établir à Bagnères dès ce soir ; nous serons à la porte des Pyrénées, dans une ville charmante, la plus charmante du département, j'ose le dire.

Gustave. — Lourdes n'est-il pas aussi une porte des Pyrénées ?

M. Bouquinville. — Lourdes est plutôt un avant poste qui défend l'entrée, une sentinelle placée au pied des remparts.

La Comtesse. — Dites tout bonnement un concierge ou un Suisse.

M. Bouquinville. — Je maintiens sentinelle. Lourdes a un château fort qui a réellement joué long-temps ce rôle.

La Comtesse. — Mon Suisse a une hallebarde. Voilà tout.

Madame de Cartonvieux ne discontinua pas ses taquineries jusqu'à Lourdes. Gustave s'amusait de l'impassibilité avec laquelle M. Bouquinville recevait les attaques de la Comtesse. La plupart du temps il avait la tête tournée du côté des montagnes dont une petite vallée seulement nous séparait. Quoiqu'elles fussent peu élevées , de légers nuages erraient çà et là sur leurs flancs. Le château de Lourdes se montra subitement sur un rocher.

Toute la ville est plantée aussi sur le roc autour de lui. Ce brave château n'a plus l'aspect redoutable. Pierrefonds, tout délabré qu'il est, a une mine autrement altière. Le château de Lourdes est un gentilhomme jadis hautain dont la révolution a fait un honnête garde national. Notre décision étant prise, nous ne nous arretâmes à Lourdes que pour changer de chevaux et gagner Bagnères avant la nuit. Nous ne descendîmes même pas de voiture.

M. Bouquinville, selon sa complaisance ordinaire, reprit le petit cours d'histoire et de topographie que nous l'avions prié de nous faire :

M. Bouquinville. — Lourdes, vous l'avez vu, se trouve placé à l'endroit où les montagnes qui nous ont suivi à partir de Betharram se détournent brusquement et s'en vont tortueusement rejoindre la vallée d'Argelez par la droite. A gauche reprend une muraille parallèle qui va de son côté chercher cette même vallée. Lourdes est au seuil de sept vallées dont il a été dans le passé le gardien et un peu le tyran.

La Comtesse. — Et dont il n'est plus que le concierge. J'avais bien dit.

M. Bouquinville. — J'agirai avec le chroniqueur de Lourdes sans plus de façon que je ne l'ai fait avec Davezac Macaya. Je le pillerai. M. de Lagrèze est assez riche pour me permettre ce petit délit sur ses terres. Je ne saurais puiser à une meilleure source.

La Comtesse. — Tout flatteur vit aux dépens de celui qui l'écoute.

M. Bouquinville sourit légèrement et entama sa chronique :

Les savans ne connaissent pas l'étimologie de Lourdes. Lapurdum dont on s'est servi pour la latiniser s'appliquant également à Bayonne embarasse singulièrement les traducteurs qui se demandent s'ils traduiront Lourdes ou Bayonne (ville du Labour ou vaste désert). Lourdes se serait en outre appelée

Mirambel (Belle Vue) ce qui ne contribue pas à éclaircir la question.

D'après le dictionnaire de Trévoux, Lorde et brigandage serait la même chose et qualifierait les habitudes des aborigènes à une époque que j'aime à croire fabuleuse. Lorde en patois signifie grossier. Cette étymologie n'est pas beaucoup plus flatteuse. Une légende fait arriver d'Ethiopie une Reine Tarbis qui fonda Tarbes, de désespoir de n'avoir pu épouser Miiocialors, général au service de Pharaon. Cette Reine avait une sœur, Lapurda, qui s'occupa à bâtir les rues. Si le Bigorre a été appelé un pays froid par quelqu'un, il est vraisemblable, que c'est par la Reine Tarbis et sa sœur Lapurda. Il n'est pas moins vraisemblable que ce sont des copies grossières de Didon et de sa sœur Anna. Lourdes subit la destinée du Bigorre et fut foulé aux pieds des romains et des barbares. Je ne sais trop lesquels méritèrent le plus ce nom dans le sens moderne. Charlemagne reprit le château à un Sarrazin, qui s'étant fait chrétien, accepta de son vainqueur le nom de Hérus, qu'il transmit à sa villa. Etymologie nouvelle à ranger avec les précédentes et avec celle qui tirerait le mot de Bigorre, de *Vicus et Horra* (Bourg du comte Horra.)

Au moyen âge, les Albigeois sont accueillis à Lourdes. Les Anglais en sont maîtres assez longtemps. Jean-de-Foix, dont je vous ai parlé, le leur arrache. Au 16e siècle, les Béarnois protestans, maltraités par Terride, détruisent Tarbes et accourent devant Lourdes. Les montagnards du Lavedan se levèrent en masse et les repoussèrent.

Henri IV pacifia tout. Il écrivait à M. de Batz :

« Ceux qui suivent tout droit leur conscience sont
» de ma religion, et moi je suis de celle de tous
» ceux-là qui sont braves et bons. » Lourdes appartient dès-lors à la Monarchie, qui, ne sachant
plus que faire du château au 18e siècle, le convertit
en prison d'état. Aujourd'hui, le château n'est
qu'une innocente forteresse qui n'aura plus à se
défendre contre personne. De tous les ennemis du
passé un seul survit contre lequel tout courage est
impuissant. Je veux parler des tremblemens de terre.
Lourdes a le droit de s'en effrayer, car chaque
fois que ces phénomènes se sont produits autour
d'elle, ils ont été terriblement menaçans. Ses montagnes sont disparues et des lacs ont surgi. Et
c'est ainsi, selon une tradition peu rassurante, que
la première ville aurait été engloutie.

A ce mot de tremblement de terre, la Comtesse
qui sommeillait un peu, se redressa et demanda
vivement à M. Bouquinville, s'il y avait longtemps
qu'on n'en avait ressenti dans les Pyrénées. M.
Bouquinville lui assura que depuis 1814, les Pyrénées avaient été parfaitement calmes. Gustave prétendit que Bagnères éprouvait chaque année des
secousses très prononcées, et il exprima le plus vif
désir de connaître ce genre de sensations. Il ne
tarda pas à être exaucé au-delà de ses vœux. Huit
jours après notre installation, je t'ai raconté par
quels soubressauts nous avions appris à danser une
Frotteska inconnue des salons.

Nous arrivâmes à Bagnères sur le soir. Nous avions
do Lourdes à la route de Tarbes eu à courir dans
une belle vallée, les montagnes nous avaient quitté,

le terrain était encore assez accidenté pour que Gustave attendît patiemment leur retour.

Si tu étais une femme du monde vouée aux chiffons, je n'irais pas surcharger mes causeries de tant de détails pesans. Je connais ton intelligence sérieuse à laquelle rien n'est étranger. Je n'ai pas à craindre de t'ennuyer, non pas seulement parce que tu aimes tout ce qui te vient de moi, mais parce que je sais que tu tires des plus mauvaises plantes, comme l'abeille, un suc précieux. Quant aux lettres que tu m'écris, je les résumerais toutes dans le mot de Grimm à Madame d'Épinay : *Que vous êtes aimable de continuer à vous bien porter !*

S. de BELLEZE.

PAU, IMPRIMERIE DE É. VIGNANCOUR.

www.ingramcontent.com/pod-product-compliance
Lightning Source LLC
LaVergne TN
LVHW052151080426
835511LV00009B/1791

* 9 7 8 2 0 1 2 1 5 8 0 6 1 *